Horst-Jean Lehmeyer
mit Lyrik
von Lilly Paul

SEX als

SENSITIVE

Begegnung

von **A** nmache
bis **Z** ungenkuss

Bibliografische Information der Deutschen Nationalbibliothek
Die Deutsche Nationalbibliothek verzeichnet diese Publikation in der
Deutschen Nationalbibliografie; detaillierte bibliografische Daten
sind im Internet über http://dnb.d-nb.de abrufbar.

© 2011 Horst-Jean Lehmeyer
Herstellung und Verlag: Books on Demand GmbH, Norderstedt
ISBN-13: 9783842350533

Aufbruch

In der Morgendämmerung stehen
allein – nicht wissen, wohin
die Einsamkeit zerfrisst mich,
Mut – bin traurig manchmal,
habe Sehnsucht, warten!
Ich hasse es:
Ich möchte so gern LEBEN
- aber wie?

Lyrikbeiträge von Lilly Paul:
(soweit nichts anderes angegeben)

Themen:

Intro: Bekenntnis einer Frau

Abhängigkeit üblich	– **zusammen schwingen möglich**
Abreagieren	- **verbunden sein ...**
Abschied verdrängen	– **trauern macht Sinn ...**
Ärger lassen	- **Empfindungen wahr-nehmen ...**
Analverkehr Po-pulär	- **als Paar entscheiden ...**
Anmache	- **Ungewohntes wagen ...**
Ego überlistet uns	- **Verbindung spüren**
Erektion zwingt?	- **einfach nahe sein ...**
Erwartungen hemmen	- **sinnvolle Prozesse ...**
Frigid, impot. beleidigt	- **Blockaden lösen ...**
Geheimnisse sinnvoll?	- **Achtsam sein ...**
Geilheit begrenzt	- **unschuldige Lust**
Gemeinsam wohnen	- **Nähe und Weite ...**
Halbherzigkeit = Kaltherzigkeit	- Spürbewusst-Sein ...
Hingabe=Selbstaufgabe?	- **einlassen ...**

LIEBE- Mist verstanden- neu erlebt ...

LUST als Frust - staunende Begegnung

OFFENHEIT - unter die Haut gehen ...

Penetration- schenks dir- diffundieren ...

Reizwort Zärtlichkeit - Expeditionen ...

Sado/M-Unterwerfung?- entlastende Funktion ...

Scheidenpilz- so was! - Milieu-Verschiebung ...

Seelische Begegnung bis Seligkeit ...wie? - ohne Drogen ...

Stellungen abspulen - kreative Spontaneität

Tantra technisch - Tantra Impulse leben

Test Umarmung - Spiegel fürs Paar, schau rein!

Test Zungenkuss

Verletzlichkeit - unter die Haut gehen

Versprechen an mich - mir selbst verzeihen ...

Zweipolig atmen - mehr Energiefluss, **Einmaligkeit des Augenblicks**

Zur Ermutigung ...

Einstimmung: Bekenntnis einer Frau...

Es war mir peinlich, als ich mit dem Buch über Sextechniken für Frauen zur Kasse ging... Natürlich verzog die Kassiererin keine Miene, weil sie hier den ganzen Tag steht und ein Buch nach dem anderen einscannt. Oder tut sie nur so? Weil das Ausbildungstraining es ihr so befohlen hat? Oder denkt sie insgeheim „so was kauft die sich...“???
Sind meine Skrupel als Frau nicht lächerlich? Das gleiche Buch für die Männer – in ähnlicher Aufmachung – liegt gleich auf dem Stapel daneben, für alle sichtbar. Warum schäme ich mich als Frau für meine Offenheit? Mir wird klar, dass ich all das, was ich in meinem Leben an Erziehung, gesellschaftlichen Normen und hinter vorgehaltener Hand Geflüstertem mitbekommen habe, immer noch ganz schön lebendig ist. Sicher helfen manchmal gewisse Verhaltensmaßregeln im Alltag. Aber frau sollte diese auch als solche erkennen und nicht meinen, dass es sich hier um unverrückbare Gesetze handele, die man tunlichst zu beachten und vor allem nicht zu hinterfragen habe.
Sich von diesen Fesseln zu befreien ist mühsam und – wie ich selbst immer wieder feststelle –
ein langer Prozess. Sexualität ist einerseits einer der wichtigsten Bestandteile einer Beziehung zwischen Mann und Frau und andererseits gehen gerade wegen der Unterschiedlichkeit in diesem Bereich viele Partnerschaften auseinander. Religiöse Überzeugungen wie „erst muss die Freundschaft aufgebaut werden,

dann passt in der Ehe auch die Sexualität" oder konservativ anerzogene Meinungen „über Sex redet man doch nicht" hindern uns immer noch daran, dieses Thema offen anzusprechen. Auch dann, wenn man viele Vorträge darüber gehört hat, wie wichtig die Kommunikation im Bett doch sei...
Auch unter ihnen gibt es durchaus experimentier- und entdeckerfreudige Exemplare und wenn man als Frau sich darauf einlässt, so kann man sogar mit demselben Partner immer wieder Neues erleben.

Sexualität ist ein besonderes Feld, Urtriebe zu spüren und gemeinsam mit dem Partner auszuleben. Selbst wenn die Kommunikation sich einmal nur auf Urlaute beschränkt, hinterher ist es wertvoll sich auszutauschen! Es braucht also Mut: doch in welche Richtung soll man sich wenden? Vielleicht Bücher lesen über die Stellungen, die man unbedingt kennen soll, dass ein Blow-Up für ihn ein Highlight ist und wie verpacke ich meine Wünsche, wenn der andere mal wieder gar nix kapiert... Die Literatur ist schon hilfreich. Doch allzu oft stellt sich ein Ratgeber als allein selig machende Lösung dar, so dass man schnell die Panik bekommt, wenn man von Stellung Nr. 5 noch nie etwas gehört, geschweige denn sie ausprobiert hat...
Zum Mut kommt die Reife: abzuwägen, was man als heißen Tipp annehmen und ausprobieren möchte, sich aber keinem „sexuellen Religionszwang" zu unterwerfen. Anregungen aufnehmen, mit dem Partner darüber reden oder noch besser: einfach ausprobieren und gemeinsam kreativ sein – und wenn's für beide ein Flop war, warum nicht hinterher darüber lachen?

Anderen Menschen irgendein wie auch immer geartetes Muster überzustülpen hat noch nie besonders gut getan – auch nicht in der Sexualität. Schließlich ist doch gerade die unvoreingenommene Entdeckung der Individualität des Anderen das Spannendste am Leben überhaupt und der Körper gehört mit all seinen Besonderheiten dazu. Und das Beste daran: man kann bzw. muss ihn anfassen. Dies tut mir als berührungsscheuer Akademikerin in unserer Denker-Gesellschaft besonders gut! Und ist es nicht prickelnd, die Berührung des anderen zum Spaß und zur Freude am Entdecken werden zu lassen? Anstatt zu denken: so muss ich ihn jetzt anfassen, das wollen die Männer und wenn ich's nicht tue, dann hält er mich bestimmt für frigide... Aber: auch Männer sind unterschiedlich und man tut ihnen unrecht, wenn man ihnen pauschal unterstellt, dass sie die Frau nur schnell zum Höhepunkt bringen wollen, damit sie hinterher sich endlich entladenen dürfen!!!

Und ich als Frau darf, will zugeben, dass diese ganzheitliche Kommunikation Spaß macht!!! In diesem Sinne... ran an den Mann und viel Freude beim gegenseitigen Ent-decken!

Lyrikbeiträge von Lilly Paul:
(soweit nichts anderes angegeben)

liebeskrank

liebeskrank vor lauter Bauchschmetterlingen

kopflos

wegen Puddingknien
verschämt
vor lauter WogenWellen

und wieder warten …- auf Dich?

Kann ich mit meinen Seufzern
eine Brücke bauen
zu Dir …?

Affirmationen von H.J. Lehmeyer:
(soweit nicht anders angegeben)

Niemand kann mich retten.
Doch in der Paarbeziehung
können wir beide gegenseitig erfahren,
dass wir angenommen sind
mit unseren Stärken und Schwächen.
Dies hilft jedem sich wieder zu finden,
als das reine kind, das wir einmal waren
und das göttliche Wesen in uns.
So können wir uns wieder selbst lieben,
was uns befähigt diese Liebe
an andere weiter zu geben.

ABHÄNGIGKEIT - ist üblich
Wir sehen den anderen im rosaroten Licht:
„Du bist soo toll, das macht mich glücklich".
Dies erscheint uns im frisch verliebt sein und in
Sternstunden immer wieder wahr. Für dieses herrliche
Gefühl sehen wir NUR den Partner als Ursache, wir
glorifizieren ihn (= Projektion) und machen uns abhängig.
Eigentlich ist er einfach Auslöser. Wir sehen im anderen,
wie in einem Spiegel, die eigenen unentdeckten,
Fähigkeiten und Wünsche. Wir nehmen etwas wahr, wofür
wir in uns eine Resonanz haben, etwas Verborgenes in
uns erklingt.
Dieses ausschließlich wunderbar erscheinende Wesen
kann dieses Idealbild auf Dauer freilich nicht halten.
Irgendwann, für manche schon nach einem Monat, für
andere nach vielen Jahren, kommt die Stunde der
Wahrheit: wir sehen den anderen auch mit seiner
schwierigen Seite. . In unserer Ent-Täuschung neigen wir
dazu, den anderen nur noch komisch oder unmöglich zu
finden und trennen uns dann oft.
ZUSAMMEN SCHWINGEN – ist möglich
Die Chance ist, das Trugbild von mir selbst und vom
anderen gelassen zu erkennen, in seiner Wirklichkeit:
herrlich und furchtbar, wie jeder von uns! Löse ich mich
von meinem Selbstzweifel, brauche ich kein äußeres
Idealbild, kann mich selbst als einmaligen Tropfen in
einem großen Meer der Gemeinschaft mit anderen und
dem Kosmos sehen.
Ich sehe auch meinen Beitrag in der Begegnung, meine
speziellen Möglichkeiten und Fähigkeiten, ebenso meine
schrecklichen Seiten, mit denen ich die Beziehung
belaste. Ich freue mich, was im Zusammenspiel entsteht.
Der Dirigent Sir Simon Rattle drückt dies im Film „Asia
Trip" so aus: „Im Orchester ist jeder Solist, aber er geht in
der Gemeinschaft auf. Dann entsteht etwas Großartiges,

nach dem man sogar süchtig werden kann.". Auch die Liebenden, sind zwei Solisten, die sich um so wohler fühlen, desto mehr sie miteinander schwingen, in ihrer persönlichen Wahrheit.

Ich höre auf mir
vorzumachen, wie
sexuell frei und
souverän ich bin!
In unserer Erotik
als Paar, sind oft Andere,
die Eltern, Freunde oder
ehemalige Partner, Filme,
also Fremd-Erfahrungen,
als Bremse „geistig",
in unseren Vor-Stellungen
anwesend und beeinflussen
uns unbemerkt. Es ist wichtig
sie zu spüren, anzusprechen
und zu ver-abschied-en.

ABREAGIEREN – ist üblich

Ganz ehrlich: Wenn wir nicht gerade frisch verliebt sind, nehmen wir uns wenig Zeit für Sex. Auch kommt oft der Vorschlag des Mannes 30 Minuten vor der Sportschau oder kurz vor dem Einschlafen - da kann es nur abreagieren sein. Die Zeitnot ist kein Zu-Fall, sondern Abbild unserer inneren Einstellung: so richtig darf weder Mann noch Frau ihr Interesse zeigen, das könnte ja mit Geilheit (—>) verwechselt werden. Oder wir glauben den Erwartungen des Anderen entsprechen zu müssen. Deshalb schnell unser Programm abgespult, dann sind, vor allem Männer, ihre Spannung los, laden sie beim Partner ab, machen den anderen kurz heiß und das war's dann. Frauen drücken ihre Sehnsucht versteckt aus und wundern sich, warum sie nicht verstanden werden. wir machen Witze über die Folgen der Parallelwelten zwischen Paaren und glauben die absurde Idee: Männer sind vom Mars, Frauen von der Venus.

VERBUNDEN-SEIN - ist möglich

Erlauben wir uns als Paar einen Zeitrahmen, wo wir erst einmal abschalten, vielleicht erst noch Tagesärger ablassen können und wirklich „zu-sammen" sind. So werden wir nicht Liebe „machen", sondern sie wird sich aus Vertrautheit und Intimität miteinander, unverkrampft entwickeln; genitale Vereinigung muss nicht, darf aber sein. Ganz spontane Ideen können wachsen, ohne sich in neuen Stellungen zu erschöpfen. Zwei vergessen die Welt um sich, schalten ihre Handys aus und das Telefon auf stillen Anrufbeantworter. Die erlernten Bedenken werfen wir aus unserem Raum und Bewusstsein. Zwei überwinden die alte Ängste, lassen sich - ohne wenn und aber – aufeinander ein, „fusionieren", ohne sich zu verlieren oder aufzugeben (—> Sado-Maso), ja finden dabei sogar neuen Kontakt zu sich selbst.

Ich verabschiede mich,
der Reihe nach,
aus allen alten Beziehungen
und sehe ganz neutral,
was dort einmalig war
und woran sie
durch Unachtsamkeit
beider Seiten zerbrochen sind.
Um intensive Beziehungen
will ich nachträglich trauern.*

Meine Eltern oder
Pflegepersonen haben mir
all die Zuwendung und Liebe
gegeben, die sie mir geben
konnten, es ist genug.
Ich brauche heute
keinen Mama-Papa-Ersatz mehr.
Bert Hellinger
mit Gedanken für Familienaufstellungen

Jetzt bin ich frei,
anderen Menschen
offen zu begegnen,
sie in ihrer Einmaligkeit
zu spüren,
ohne sie zu vergleichen.

• Hierzu bietet unser Institut auch Unterstützung und Begleitung an.

ABSCHIED verdrängen
heisst – gerade in unserer Zeit - von einer Beziehung in die Nächste zu fliehen. Männer sind oft abhängig ein weibliches Wesen als Versorgung und Bestätigung um uns zu haben. Frauen kleben gern an alten Beziehungen aus Angst vor dem Alleinsein und dem Imageverlust. Ohne Partner entsteht der Eindruck „alle" anderen sind zu zweit. Auch können wir dann niemand für unsere schlechte Stimmung oder gar Depression die Schuld geben. Ferner sind erschreckend viele Menschen offen („Hotel Mama") oder heimlich und unbewusst mit Papa oder Mama oder einem früheren Partner emotional „verheiratet" und so für eine neue Beziehung gar nicht offen, obwohl man sogar eine richtige Ehe eingeht. Wirklich Abschied nehmen heißt aber auch wirklich trauern.

TRAUERN MACHT SINN
aber ist ganz unmodern – auch noch um einen Partner? Doch wir werden dafür vielseitig belohnt: wir vermeiden ein Feindbild, wo wir den anderen für das Scheitern allein verantwortlich machen – real scheitern immer beide! Trauern erleichtert uns von einem imaginären Rucksack, der immer schwerer wird durch unabgeschlossene Beziehungen. Durch Trauern werden wir wieder beweglicher und offener, empfindsamer. Unser arrogantes Ego (—>) schrumpft und werden so ein- und mitfühlender. Nehmen Sie sich zunächst 2 Stunden Zeit für den Abschied, lesen Sie bitte nicht weiter und trennen Sie sich, in einer Phantasiebegegnung aus allen alten Beziehungen, auch von Ihren Eltern als ihr „Kind".

Um unser Leiden
verringern zu können,
müssen wir unterscheiden
zwischen dem eigentlichen
Leiden und jenem Leiden,
das wir nur durch
unser Denken erzeugen.
Angst, Wut, Schuldgefühle,
Einsamkeit und Verzweiflung
sind emotionale Reaktionen,
die das Leiden
nur noch vergrößern.

XIV Dalai Lama

ÄRGER ist üblich *(Schon getrauert??)*
Vielen wurde gesagt, über Unangenehmes sollen wir
hinweg sehen, auch bei Ärger mit unserem Partner.
Die Folge davon ist, dass diese verdrängten Gefühle
auf verrückteste Weise ausbrechen: giftig,
abwertend bis zerstörerisch und für die
Mitmenschen völlig unverständlich. Im schlimmsten
Fall läuft ein braver Ehemann, eine Frau oder
Mutter, Amok. Andere rasten wegen belangslosem
Geplänkel aus und haben das Gefühl, jetzt geht es
um ihre Existenz. Die unterdrückte angestaute Wut
ist auch ein Weg in die Depression, bis hin zur
Selbstzerstörung mit Auto-Immun-Krankheiten,
eigenartigen Unfällen und anderen Variationen.
EMPFINDUNGEN WAHR-NEHMEN
der meditative Weg, den uns auch der Buddhismus zeigt:
zulassen, spüren, ausleiten, ohne auszuleben. Statt uns
gegenüber dem „Gegner" zu empören oder wegen
Schuldgefühlen zu verstecken, können wir unsere
Reaktion innerlich betrachten: „Was ist los mit mir, was
macht mich so ärgerlich oder lähmt mich. Ach ja, da
wurde durch ein Wort eine schlechte Erinnerung aktiviert.
Ich bin gar nicht nur von der „blöden" Bemerkung
betroffen, sondern Unverdautes aus meiner
Vergangenheit wird lebendig und vermischt sich mit dem
Heute." Mit dieser neuen Sicht lässt der innere Druck
nach, die Verbissenheit oder die Scham werden kleiner,
ich verstehe die Entwicklung. Plötzlich geht „eine andere
Türe auf", die mich verstehen lässt, dass der andere
eigentlich nicht mich persönlich meint, sondern ebenso in
etwas Vergangenem gefangen ist. Das Bild vom anderen
als „Monster" verschwindet
   Übrigens wird so auch der moderne Vorwurf: „Du hast
mich verletzt", entschärft. *Jeder* verletzt, nur zu
verschiedenen Anlässen.

Wir beide, als Paar,
wollen alles erfahren,
was wir im Zusammensein
erleben können.
Die körperliche Vereinigung ist erregend;
erst in der seelischen Verbundenheit
finden wir eine Qualität,
die immer wieder
Erfüllung gibt.
Freilich kann Technik hier
keinen Erfolg garantieren;
ist ebensowenig machbar,
bleibt also Geschenk an uns,
immer wieder neu ...

ANALVERKEHR – die neue „PO-Pulär-Kultur"?
galt lange Zeit als eines der letzten großen Tabus. Aber
seit einiger Zeit stürzen sich die Menschen und Medien
wie wild auf das Thema in Theorie und Praxis. Der
Bestseller „Feuchtgebiete" von Charlotte Roches wird im
Ton bestimmt von detaillierter Beschreibung: „Kommen
obwohl der Schwanz nur im Arsch steckt und sonst nichts
berührt wird." – SZ Magazin Nr. 2 v. 9.1.2009. Der Autor
Johannes Wächter fragt berechtigt: „Ist der Analverkehr
einfach der nächste, vielleicht sogar einer der letzten
Schritte auf dem Weg zu einer wahrhaft freien
selbstbestimmten Sexualität. Oder handelt des sich um
eine fragwürdige Entwicklung bei der wir die
Rollenmuster der Pornofilme reproduzieren, die Sexualität
als Schauplatz von Leistungsdenken und
Dominanzfantasien machen."
ALS PAAR ENTSCHEIDEN ...
was ist für uns der Reiz an einer anderen Praxis? Die
Freude sich gemeinsam über ein Tabu hinwegzusetzen,
etwas Fremdes zu erfahren, wilde animalische Impulse zu
leben? Oder setzen sich alte Männerträume mit ihrer
Triebkomponente durch, um ihre Dominanz zu fern oder
sind Opfer des Trends: nur eine neue Technik bringt noch
den Kick? Oder handelt es sich um heimliche homo-
/bisexuelle Wünsche. Für Frauen braucht es ein großes
Vertrauenspotential, dass der Mann nicht noch
unbedenklicher Penetration (—>) lebt. In einem Interview
meinte Susan Quillam zur Überarbeitung des Klassikers
„The Joy of Sex": „Ich empfehle jeder Frau diese Technik
aus dem Buch: Da geht es um Sextechnik bei der
gleichzeitig Vagina, Klitoris und Anus stimuliert werden."
Ist die sexuelle Überbietungsdynamik jetzt auch bei den
Frauen angekommen, wie sie auch im flotten Dreier im
„Sandwich" gelebt wird? Optimale körperliche Reizung
ohne seelische Stimulation ist nur für einen Quickie gut

Ich weiß, wo und wie
ich mich wohlfühle und
was mir Spaß macht.
Deshalb zeige ich mich
anderen Menschen,
wie ich bin.
Verbiege mich nicht
und lasse mich
nicht verbiegen.

Ich bleibe mir selbst treu.

Bei Versuchen
Sich gegenseitig
zu manipulieren
ist jeder achtsam
mit sich selbst.
Jeder darf entscheiden,
wo er ein Zugeständnis
macht oder
wo er Grenzen setzt.

ANMACHE

ist bei Einigen ein Verkrampftes *auf sich* aufmerksam machen und wirkt meist plump, etwa: „wir haben uns doch schon mal gesehen" oder verzweifelt originell: „Für Ihre blauen Augen bräuchten Sie einen Waffenschein." Dieser vorbereiteten Texte langweilen oft schon den Sprecher. Das Gegenüber spürt die Routine, fühlt sich nur als Objekt der Neu-Gier, zum Abschleppen oder als Lückenfüller für die Langeweile des Anmachers. Die weibliche Anmache will von den Männern oft nicht durchschaut werden, weil sie auf ein Abenteuer hoffen. Die Anmache lohnt sich also auch für die Frauen kaum UNGEWOHNTES WAGEN ...

Immer öfter auf gewohnte Jagdrituale und „Beute-Schemas" zu verzichten und offen sein für spontane Erlebnisse. Da funkt es plötzlich durch einen Blick, eine Geste, eine Körperbewegung, die Stimme, ein Lachen! Dann will man/frau nicht auf-reißen, sondern sich offen begegnen. Zwei Wesen kommen miteinander in Fluss. Dann fließt auch das Gespräch ganz leicht, ohne Anstrengung, wir müssen nicht mühsam nach Gesprächsstoff suchen. Falls wir uns selbst und unsere eigenen Prioritäten schon kennen, wissen wir ganz schnell, ob wir uns näher kennen lernen wollen oder ob es bei dem netten Flirt bleibt. Bei einer Begegnung, egal ob beruflich oder privat, entscheiden sich in den ersten 10 Minuten die Möglichkeiten (funktioniert etwa im SPEED-DATE). Schon nach so kurzer Zeit spürt jeder, ob der andere eine feine Schwingung auslöst. Vertrauen Sie ihrer Intuition.

Carpe Diem
Carpe diem, was Du heut versäumst,
kommt morgen nicht zurück.
Darum sorge dich nicht ständig,
was vielleicht geschehen kann.
Lebe, denn du bist lebendig,
fang noch herute damit an.
... Lebe, weil kein andrer
für dich leben kann.
Lieder vom Münchner Sommertheater
Ulrike Dissmann

Je mehr ich mich wahr-nehme,
mich umfassend liebe,
desto mehr kann ich
Dich wahrnehmen und mögen;
einfach, weil es Dich gibt,
in Deiner unverwechselbaren
Einmaligkeit.
Dies führt zu gegenseitiger
Achtung und Be-reicher-ung.

EGO – überlistet uns

Jeder braucht es, um sich in der Welt zu behaupten, jeder soll sich wichtig nehmen, Eigenlob stinkt also nicht; es ist ein Pfeiler unserer seelischen Gesundheit. Nur hat das Ego die Tendenz sich zu verselbständigen, sich wie Macht auszubreiten, ständig zu vergrößern, überlistet uns, wird dick und fett und verdrängt das Mitgefühl und die Toleranz für andere. Desto weniger wir in uns „selbst" ruhen, in uns keine Heimat haben, desto dringender ist für unser Ego die Darstellung nach außen, bis zum Ego-Exhibitionismus, die krankhafte Selbstdarstellung. Wie viel Kraft und Zeit vergeuden wir, um uns verzweifelt darzustellen! Das ermüdet uns, so wollen wir dann mit „Kompaktzeiten" Kräfte aufladen. Aber atmen auf Vorrat ist genauso unmöglich, wie verlorene Zeit nachzuholen. VERBINDUNG SPÜREN ...
unser Ego einzubetten in die Freude an den eigenen vielseitigen Facetten meines Seins. Dann schätzen wir auch andere, selbst fremdartige Wesenzüge bei unseren Partnern und Mitmenschen, können frei wählen, uns abgrenzen oder damit be-reicher-n. Eine Blockade hierfür sind oft unsere Selbstzweifel und Selbstbeschränkungen, die wir übernommen haben. Haben wir unseren Eigenwert erst wieder gefunden, geben ihm einen Lebensraum, dürfen alle Lebensformen sein, egal ob wir sie selbst leben oder nicht, wir hören auf, Fremdes zu be-wert-en. Übrigens: Wenn uns an Mitmenschen länger als drei Minuten etwas ärgert, hat es mit uns selbst zu tun (Tibetisches Totenbuch). Unser Ego wehrt sich gegen spontane Impulse. Es erscheint ihm zu bedrohlich, kann doch unser Leben von einem Augenblick zum anderen völlig eingeschränkt sein.

Als Mann lasse ich
meine Angst los
mich nur mit steifem Penis
einer nackten Frau nähern
zu dürfen.
Dann geht ganz viel Stress
aus der sexuellen Begegnung
und alle Peinlichkeit ist weg.

Ebenso muss ich als Frau
beim Anblick eines
reizvollen Mannes,
nicht mit nasser Muschi
reagieren.
Der erigierte Penis
meines Partners ist
weder Bedrohung
noch Verpflichtung.
Ich entscheide, ob ich mich
davon inspirieren lasse oder
schmunzelnd ablehne.

EREKTION ZWINGT?

Die einen Männer schämen sich, weil ihr „Kleiner" in der Hose wegen jeder Reizung anschwillt. Andere haben Angst er könnte im richtigen Moment kneifen und seinen Herrn in Stich lassen. Diese Angst führt dazu schnellen Sex zu machen, denn 10 Minuten wird Mann schon durchhalten. Den ersteren könnte man sagen: schau Dir mal die ganze Frau an, lerne sie kennen (—> Anmache) oder halte es wie Goethe: „Nach den Sternen greift man nicht, man freut sich an ihrer Pracht." Zum Trost: Dein Selbstwert würde keinesfalls wachsen, wenn Du jede Frau flachlegen könntest, zusammen mit Deinem Penis würde nur Dein „Ego" (—>) anschwellen. Wenn Dein Zauberstab sich total verweigert, will Dir Dein Körper irgend etwas sagen ...

EINFACH NAHE SEIN ...

sogar im Bett, mit und ohne Erektion. Eine Klientin meinte einmal, es reize sie, den Kleinen „heraus zu kitzeln" oder anfangs sogar schlaff an ihre Muschi zu führen, weil sie dann spürt, der Mann ist nicht einfach geil und braucht irgend eine Frau, sondern es muss erst eine Verbindung entstehen. Es ist die Frage ob ich nur auf Reize anspringe, oder Resonanz spüre. Wenn Sie an dieser Gelassenheit zweifeln, sei Ihnen zugerufen: Stress und Druck machen impotent. Erleben Sie Sex lieber wie ein Musikstück, ja „komponieren" Sie Sex **zusammen mit** der Partnerin/dem Partner. Lasst Eure Phantasie spielen, wechselt die Tempi, stoppt zwischen durch eure Aktion, schließt die Augen und tauscht aus, was in Euch los ist. Saint Exupéry meinte sehr deutlich: „Man sieht nur mit dem Herzen gut, das Wesentliche ist für die Augen unsichtbar". Die Augen mal zu schließen, hilft übrigens auch Männern mit Präcox, den vorzeitigen Samenerguss durch Übererregung zu stoppen.

vergeblich,
nach dem Glück zu suchen;
denn es läuft Dir nach!

Du brauchst nur stehenzubleiben
und abzuwarten,
bis es dich einholt.

Nehmen wir die Liebe
des Partners, wie den Atem:
er gehört uns nicht,
aber wir lassen uns
von ihm beschenken;
festhalten führt
beim Atmen zum Asthma,
in der Beziehung zum
Ersticken der Liebe.

Selbst heimliche Erwartung
wird mit großer
Wahrscheinlichkeit
zur Blockade, sicher zum Verlust!
Sie macht mich unfrei,
holt mich
aus dem spontanen Erleben.

ERWARTUNGEN HEMMEN
den Ablauf jeglicher Begegnungen mit anderen
Menschen. Aus Angst wollen wir bestimmen, festlegen,
kontrollieren, definieren oder ordnen. Erwartungen legen
fest, wie es sein soll und/oder wie es keinesfalls sein darf
und wie mein Partner sich verhalten soll. Ich bin dann
programmiert, wie weit ich mich einlasse und wo ich
meine Grenzen setze, damit mir niemand zu nahe kommt,
mich verunsichert. So „mache ich Liebe" bin dann ent-
täuscht, dass es auf Dauer langweilig wird. Was ich
unbedingt erreichen will, verschließt sich mir. Überprüfen
Sie selbst, wann in letzter Zeit Ihre Erwartungen das
Leben erschwert haben.

SINNVOLLE LERNPROZESSE ...
sich dem Moment zu öffnen, die Kontrolle verlieren, das
zulassen was sich gerade entwickelt. Dann passieren
spontan Küsse und Zärtlichkeiten, die wir an uns gar nicht
kennen, die größer sind als unsere Phantasie, entstanden
aus einer unbegrenzten Verbundenheit, für diesen
Moment, wo alles möglich ist. Auch dürfen die
klassischen Geschlechterrollen mal vertauscht und
erweitert werden. In jedem Mann steckt auch eine hohe
Gefühlsfähig- und damit auch Verletzlichkeit, nur oft
verschüttet; in jeder Frau eine enorme Stärke und
Durchhaltefähigkeit, nur hat man vielen beigebracht, sie
zu verstecken. Lassen wir uns überraschen,
verunsichern, betören, verändern. Staunen wir welche
Fähigkeiten und Ideen neu auftauchen. Ich akzeptiere,
dass jede Begegnung das Kind einer großen Freiheit und
Gestaltungsfähigkeit ist. Der Moment genügt sich selbst
und fliegt davon, wenn er festgelegt oder eingesperrt
wird. Ich beherrsche keinesfalls unser Zusammensein,
sondern „es" packt uns, schenkt sich uns.

Keiner muss
„allzeit bereit" sein,
ein körperliches Einlassen
darf mal nicht stimmig sein!
Besser einmal verzichten,
als „es" pflichtgemäß,
verkrampft oder verlogen
über die Bühne zu ziehen.

FRIGIDITÄT – IMPOTENZ *beleidigt*
ist eine ganz fiese Tour, jemandem einen Stempel
aufzudrücken, weil man selbst über eine Begegnung
(nicht nur sexueller Art) gefrustet ist. Anstatt
anzuerkennen, wir zwei können heute oder im Moment
oder schlimmsten Fall überhaupt nicht (mehr)
miteinander, wird der Partner zum Sündenbock und
abqualifiziert, ent-wertet. Besonders für Männer, die sich
oft ausschließlich über ihre Potenz definieren, ist dies
wirklich ein Schlag unter die Gürtellinie; meist mit der
Spätfolge, dass dann wirklich nichts mehr geht. Ebenso
niederschmetternd ist für Frauen der Vorwurf der
Frigidität. Scheinbar spröde Frauen bräuchten öfter
einfach im Alltag das Interesse ihres Partners, nicht erst
kurz vor der Absicht, sie in die Kiste zu locken.
BLOCKADEN LÖSEN möglich
brauchen Männer bei jedem Anblick einer Frau sofort
einen Ständer und Frauen bei jeder Berührung sofort
einen feuchten Slip? Stress ist der größte Lustkiller; da ist
es einfach besser sich zu erzählen, was einen seelisch
beschäftigt. Es gibt vieles, was aus Beruf, Kinderalltag
oder Beziehungsalltag herüberschwappen kann, in die
intime Begegnung. Allein die Tatsache, das
auszusprechen, was stresst oder peinlich ist, löst die
innere Lähmung und unsere Lust darf wieder fließen. Das
Interesse des Partners an den Schwierigkeiten des
Anderen erleichtert. Wenn sich Verkrampfungen sehr
verfestigt haben, ist es sinnvoll sich früh einem Coach für
wenige Sitzungen zu öffnen, um alte Blockladen
aufzudecken und aufzulösen oder in schlimmen Fällen
einer Psychotherapie zuzustimmen. Klären ist wirklich
besser als leiden.

**Liebe hört auf
ein Vergnügen zu sein,
wenn sie aufhört
ein Geheimnis zu sein.**
            **Unbekannter Denker
            im 17. Jahrhundert**

GEHEIMNISSE sinnvoll?
ist eine unehrliche, schizophrene Haltung: da wird vom
Partner totale Offenheit verlangt, selbst hütet man ein
Geheimnis ganz konsequent. Andererseits werden
Geheimnisse, etwa ein Seitensprung, oft als Waffe offen
gelegt, aus Rache oder Wut; dies hat dann für die
Beziehung eine verheerende Wirkung (Lieblingsthema in
Krimis und vielen Filmen). Ebenso wirkt die alte Regel:
„Spalte und herrsche", wo man Geheimnisse verrät, um
sich zwischen zwei vertrauten Menschen
hineinzudrängen, zum eigenen Vorteil, wie es in GSZ-
Filmen sehr plastisch dargestellt wird. Hier sind auch
„heimliche Partnerschafts-Verträge" anzusprechen: etwa
hat einer die klare Absicht keine Kinder zu wollen, sagt es
aber nicht, aus Angst den anderen zu verlieren. Wird
dieses Geheimnis später aufgedeckt, ist in aller Regel die
Beziehung innerlich zerbrochen, mag sie auch äußerlich
aufrecht erhalten werden.
ACHTSAM sein
gegenseitig eine Intimsphäre, eine persönlichen Freiraum
zu achten. Es sollte zwischen dem Paar eine
Verbindlichkeit geben. Etwa die Gewissheit, wenn einer
für sich eine wichtige Entscheidung trifft, die auch den
anderen in seiner Lebensform berührt, statt zu
verheimlichen, offen zu legen. Etwa das Paar einigt sich in
offenem Gespräch darauf, dass JEDER andere
Beziehung(en) mit speziellen Interessen und Hobbys
zusätzlich leben darf. Weitergehende Zugeständnisse von
Intimitäten („Poly-Amore") in Außenbeziehungen
bedeuten oft das baldige Ende einer Paar-Beziehung, weil
ein Partner dies strikt ablehnt oder erst halbherzig
zustimmt, dann aber merkt, dass es ihm/ihr zuwider ist
und somit eine andere Ent-Scheidung getroffen hat. Doch
die Forderung der absoluten Wahrheit ist paradox, gilt sie
doch selbst in der Wissenschaft nur begrenzt; Wahrheit

ist immer von der Wahrnehmung des Einzelnen und der
Fragestellung.

Sex

dunkle Wolken
schwarz und schwer vom Gewitter
- der Vorbote kommt -
Wind,
er spielt mit den Bäumen
  wirbt um sie, bittet

  sie erregen sich,
  kommen in Fahrt
  geben nach,
  geben sich hin
  erst sanft, dann immer heftiger
  der Wind braust durch sie hindurch

  während sie ganz loslassen
  Vereinigung!
  Ekstase!
  welch Schauspiel
  – völlig ungeniert.

  Blitz und Donner
  besiegeln die Vereinigung

  und nachher
  besänftigender, erlösender Regen ...

Mein Wollen, meine Festlegungen
und Vor-Stellungen
hindern mich daran, lebendig zu sein,
neue, auch ungewöhnliche
Erfahrungen zu machen.

GEILHEIT BEGRENZT
bedingt durch den Stau, weil viele Menschen keine Möglichkeit haben oder vermeiden, sich regelmäßig Lust zu gönnen oder dies tabuisiert ist. Doch versteckt kommt es dann doch an das Licht, bis hin zur Perversion. Wir sind von den oft fragwürdigen Regeln der Religionen und Eltern über viele Generationen viel mehr geprägt, als wir „aufgeklärte" Menschen es wahrhaben wollen. Sexualität wird immer noch verdeckt schlecht empfunden, darum findet sie oft als Fast-Food, auf dem Straßenstrich, auf WC´s oder gern im Dunkeln, ohne lustvolle Töne und sogar mit Gewalt statt. Auch ein schmatzendes Geräusch ist schnell peinlich. In diesem entwerteten Rahmen kann man mit dem Sexualtrieb Geschäfte machen, bis hin zum Partner, der Bedingungen stellt oder sogar erpresst, weil die Lust nicht als wertvolles Geschenk, sondern als Geschäft gilt.

UNSCHULDIGE LUST
ohne schlechtes Gewissen, „schon wieder" die körperliche Nähe des Partners zu suchen, darf sich entfalten, wenn man innere moralische Sperren überwindet. Da können es dann Männer aushalten, ja es vielleicht sogar reizvoll finden, wenn auch die Frau die Initiative ergreift und als Amazone auch mal „oben'" ist und der Mann die klassische Frauenrolle einnimmt – so erfährt er auch, wie einengend diese Position ist. Dann führt die körperliche Lust in ganzheitliche Begegnung, „sensitiv", mit allen Sinnen. Auch werden die unterschiedlichen männlichen und weiblichen Energien erlebbar. Da darf dann ein Zusammensein einmal ganz ohne genitalen Kontakt und umgekehrt auch ein Quickie einfach geschehen (—>Test).

Ich bin nie allein

auf meiner langen Wanderung
Auch wenn es scheint,
als habe man mich vergessen
-      für immer.

Ich bin nie allein,
denn ich spüre Liebe und Trost
überall.
Nur manchmal – manchmal
wenn die Tränen mir die Sicht verschleiern,
- scheint es manchmal so.

Ich vergesse das alte Muster,
dass sich das Wir-Gefühl
in völliger Zweisamkeit erschöpfen muss

Wir genießen unsere gemeinsamen Wege
und beiden lassen sich
in ihrem sozialen Netz
auch alleine inspirieren und
bereichern mit diesen Erfahrungen
wieder die Zweisamkeit.

GEMEINSAM WOHNEN

in voller Euphorie des Paar-Gefühls zusammen zu ziehen? Dabei wird der abwägendere Partner oft überfahren und seine individuellen Wünsche bleiben auf der Strecke. In der gemeinsamen Wohnung gibt es auch nur noch Gemeinsamkeit und keiner hat ein eigenes Zimmer; dies ist ein echter Rückschritt zur Single-Zeit. Immer das Bett zu teilen stumpft ab und störende Schlafgewohnheiten des anderen werden zum ständigen Konflikt. Frust ist – nach einer gewissen Zeit vor-programmiert. Eine Journalistin in der Zeitschrift NEON hat es herrlich auf den Punkt gebracht: „Wollen Sie Stress und schlechteren Sex?"

GELEBTE NÄHE UND WEITE

wäre, den Erfahrungen vieler Paartherapeuten zu folgen und entweder zwei getrennte Wohnungen (vielleicht sogar im gleichen Haus oder in der Nachbarschaft zu haben) oder die Standardwohnung mit Wohn- und Schlafzimmer als zwei Wohn-/Schlafräume zu gestalten – jeder hat „sein Reich" und kann den anderen besuchen. Da kann auch jeder seinen Geschmack und seine Ideen verwirklichen, auch Musik hören, die den anderen nervt. So kann jeder sein „all-eins-sein" genießen. dann tauchen beide wieder abwechselnd in die Welt des anderen ein; eine Erfahrung sich gegenseitig zu be-reicher-n ohne starre Strukturen.

Ich höre auf mehrere
Dinge gleichzeitig zu tun,
an Verschiedenes zu denken.
Ein kurzer Augenblick,
ganz im Moment
mit allen Sinnen,
ist ein Stück Paradies.

Ich achte
die sexuelle Begegnung
mit meinem Partner
als besondere Möglichkeit
einer umfassenden Erfahrung,
ohne „Vollkasko"-Versicherung.

Halbherzigkeit = Kaltherzigkeit
Wir machen so Vieles mit „halbem Herzen", also mit
geteilter Aufmerksamkeit, lassen uns von mehreren
Kanälen gleichzeitig berieseln, nehmen alles so ein
bisschen wahr. So kann uns natürlich auch nichts
erschüttern, nichts ganz tief beeindrucken, wir sind soo
geschützt, dass wir uns selbst eingesperrt haben. Als
unbeabsichtigte Nebenwirkung, sind wir von der
Lebendigkeit, wie durch eine Glasplatte getrennt,
beschweren uns aber, dass das Leben dann langweilt.
Ersatz wenn wir uns ent-scheiden Fragwürdiges,
Unbefriedigendes verabschieden, können wir etwas
Neues, Wertvolleres, Stimmigeres anziehen.

SPÜRBEWUSST-SEIN
Tiefe Freude, tiefes Berührt-Sein, sogar Lust entsteht erst,
wenn wir uns auf etwas ganz einlassen. Die ganze
Aufmerksamkeit ist auf ein Erleben konzentriert, auch bis
in Einzelheiten. Ich bin ganz im Augenblick präsent,
träume von keiner Vergangenheit, von nichts Späterem.
Ich bin mit allen Sinnen da, mit Körper, Geist und Seele
anwesend. So entsteht eine Intensität, die anfangs
anstrengt, weil gar nicht gewohnt. Tina Turner singt:
„Paradise is here" oder noch vorsichtiger ausgedrückt:
Paradise can be here. Ja es gibt dieses Berührt-Sein,
sogar ohne Berührung. Jeder von uns hat es in
unterschiedlichen Bereichen schon erlebt: eine
Stimmung, ein Satz, ein Blick, eine Geste, eine Musik trifft
uns wie ein Blitzschlag. Es geht uns „durch und durch"
oder ein Schauer läuft über unseren Rücken. Wir waren –
wenn auch nur für einen Moment lang –
be-eindruck-t, offen für eine sensitive Erfahrung. Wir
fühlen uns dann eingebettet in eine Herzlichkeit, die
freilich in ihrer Intensität wechselt und *genau so* nicht
wiederholbar ist

Tonnen von Zeit (Auszug)

 wenn du da bist,
sind da Tonnen von Zeit –
während Du mich berührst,
steht sie ganz still,
schweigt
und hält den Atem an –

dann schlüpfen wir hinein,
in dieses stillstehende Uhrwerk
und vergessen,
dass wir uns je kannten,
 - verschwimmen im WERDEN.
    (Ende des Auszugs)

Ich mache mich ganz leer,
gebe meinen Gedanken
keine Aufmerksamkeit,
lasse sie zu Wolken werden und beobachte
meinen Atem.
So werde ich frei,
auch frei um mich
auf „etwas" einzulassen,
diesem Moment ganz hinzugeben, bis es mich
berührt...

HINGABE=SELBSTAUFGABE?

Üblich löst dieser Begriff Ablehnung aus (etwa: „So ein Eso-Mist"), Desinteresse oder sogar Panik. Es wird verwechselt mit "sich aufgeben", verbunden mit Ängsten, wie: ich könnte mich verlieren, werde ausgenützt, manipuliert. Hier fließt unsere kindliche Erfahrung ein, dass wenn uns jemand sehr nahe kam, uns mit falsch verstandener Liebe auffressen wollte; ausschließlich nur das Gemeinsame genießen und zulassen wollte.

EINLASSEN

aus einer tiefen Entspannung heraus
(—› nebenstehende Affirmation) mich auf eine Aufgabe, eine Arbeit, eine Begegnung, ein inneres Gefühl, sei es allein, mit einem Tier oder einem Menschen ganz einzulassen. Wenn meine Gedanken dann zur Ruhe kommen und mich etwas ganz in den Bann zieht, bin ich mit allen Sinnen in diesem Moment. Sogar zerstörerische Impulse kommen dann zur Ruhe. „Wenn Du etwas Lebendiges liebevoll betrachtest, ohne abzuschweifen, bist du für diesen Moment in der Einheit. Wenn Dein Blick, Deine Gedanken wieder umher springen, lässt Du dich verwirren von der Vielfalt der Schöpfung, vergisst, dass alles Teil des Großen ist und bist unbewusst" (unbekannter Herkunft). Wage die sinnvolle Beschränkung auf eine Sache oder ein Wesen, zumindest für gewisse Zeit und immer wieder. Du wirst dies zunehmend intensiver als Geschenk erleben.
Auch wenn es misslingt, trägt niemand die Schuld. Auch scheitern oder ver-rückte Situationen dürfen sein und sind keine Katastrophe, lachen wir einfach darüber und freuen uns auf die nächste Chance.

Glaubensbekennnis (Auszug)

Ich glaube an dich
und unsere Liebe
Ich werde Dich nicht in den Himmel heben
und mich nicht erniedrigen.
Ich glaube an meine Kraft
die vor Lügen und Falschheit schützt
Ich will es versuchen
(Auszug Ende)

Nichts ist für dich.
Also leg es ab,
- das Wünschen
- das Hoffen
- das Wollen
und lebe das, was immer bleibt:
LIEBE

Joachim Fuchsberger hat auf die Frage des
Geheimnisses seiner 50-jährigen guten Ehe
geantwortet: ich lebte vier „V":
Verstehen Vertrauen Verzeihen Verzichten

LIEBE - „Mist" verstanden

Üblicherweise ist es eines der wohl missbrauchtesten, deshalb auch abgelehntesten und doch wieder ersehntesten Worte in allen Sprachen.
Unsere Kultur und Erziehung hat zur Verwirrung wesentlich beigetragen. Wir erleben „Liebe" in der Kindheit als Besitz, wenn wir den Erwartungen, den offenen und geheimen Wünschen der Eltern entsprechen, sind wir „lieb". Alles Trennende, Abweichende wurde als störend einfach abgewertet: das ist nicht gut, das macht Mama, Oma traurig. Auch „positive Verstärkung" wurde angewandt und mit Zuwendung oder Geschenken belohnt. Unzufriedenheit der Eltern, wird oft auf die Kinder abgeladen: „Du bist schuld, dass es mir soo schlecht geht", bis hin zur offenen Drohung: „Wenn du so weiter machst, bist du mein Tod". So geprägt gehen wir unsere Beziehungen als Erwachsene ein. Auch dort verbinden wir mit Liebe Besitz (z.B. nach der Eheschließung: „Du gehörst jetzt mir"), machen den anderen verantwortlich für unser Wohlergehen oder unser Leid und belohnen und bestrafen, als ob der andere unser Kind wäre.

NEU ERLEBT

Vertrauend in das Heute, nicht wissend über Morgen,
  total offen sein, für das, was sein will, einfach da ist.
  Ohne jegliche Verfügbarkeit, egal, wie wir es spontan
  bewerten, Glück, Wut, Trauer, Freude.
        Liebe gibt immer eine Chance,
           ist gleichzeitig Aufgabe,
             herrlicher Genuss und
           nervende Herausforderung.
              Horst-Jean Lehmeyer

(zitiert aus: Von MIR zu DIR – Ein Wegweiser zu neuer Lebendigkeit und innerem Reichtum in Partnerschaft und Sexualität, ISBN 399006-507-7)

Schmetterlinge

Geliebter,
du setzt mir

Schmetterlinge in den bauch
die flattern,

wenn ich an dich denke.

Das stetige flattern
entfacht ein inneres feuer
und in meinen lenden
steigt die Lust auf.
- und voller zärtlichkeit
gebe ich mich dir hin.
doch zur ruhe kommen
die kleinen flügel erst,
wenn ich bei dir bin
und du mich umarmst
und meine Lust stillst
und ich in deinen armen
selig einschlafe …

Ich ent-decke meine kindliche Lust
durch mein Staunen und durch die Freude,
was ich mit meinem Körper
und meinem Empfinden alles erleben kann,
in aktiven und passiven Formen.

LUST ALS FRUST

Meist negative Bewertung: ich habe keine Lust, keinen Bock auf irgend etwas. Lust wird also gleichgesetzt mit Launenhaftigkeit bis Disziplinlosigkeit. Die Woll-Lust, die gewollte Lust, also willentlich herbeigesehnt, aus innerer Leere heraus, führt sicher zum Frust an der Lust, zur blanken „Geilheit" (—›) als Ausdruck von Isolation und Ver"zweifel"ung. Lust aus dem Pornoheft, sozusagen „von der Stange", ist schal und leer. Da wird verständlich, wenn manche Menschen sagen: „Wenn das alles ist, nein Danke."

STAUNENDE BEGEGNUNG

ist Lust als „Neigung, leichtes Verlangen, Wohlgefühl. Wohlgefallen, Freude (Lebens-), Befriedigung, Genuss, Gefallen" zu sehen (Wahrig, Deutsches Wörterbuch). Lust kann also ein Zustand kindlicher Unschuld sein, wo wir uns der wunderbaren Seite der Welt staunend öffnen. So verhindert diese ursprüngliche, absichtslose Lust jeglichen Ego-Trip und wird durch Achtsamkeit das Wohl anderer ganz selbstverständlich mit einbeziehen. Noch ein Bild einer geschätzten Kollegin:

Die Energie zwischen einem Paar ist vergleichbar mit einem Seil, das beide festhalten und sie in einer innigen Situation verbindet. Das Seil muss gespannt sein und bleiben, es darf keiner locker oder gar loslassen. Beide können langsam oder schneller wirbeln, nur die gegenseitige Aufmerksamkeit muss erhalten bleiben. So bleibt trotz Wachsamkeit einfühlsamer Kontakt.
Es entsteht eine spielerische Abstimmung, die eine hohe Intensität ermöglicht, ein Fließen ohne Anstrengung. Wenn einer sich ablenken lässt, fällt die Verbindung zusammen, das gemeinsame Wirbeln ist zu Ende.

E.S.

Probieren Sie es einfach mal aus!

Wenn ich den Kontakt
zu mir selbst verloren habe
macht mir intime Nähe Angst:
ich könnte mich im anderen verlieren,
von ihm ausgesaugt werden
ja ich verstehe den anderen gar nicht.

Dieser - vermeintlichen – Schutz
macht die Beziehung krank und fad.

Bin ich bei mir,
spüre ich den Kontakt zum Boden,
bin standfest:
ich zeige mich, bin offen, angstfrei.
Ich verbiege mich nicht
und lasse mich nicht verbiegen.
Plötzlich kann ich mich
auch in den anderen einfühlen.

OFFENHEIT

lassen wir nur in der ersten Zeit der Verliebtheit zu, den anderen ganz nahe sein. Genau so lange, wie wir die Illusion haben der/die andere ist uns sooo ähnlich und es gibt nichts Trennendes zwischen uns. Doch irgendwann entdecken wir das Fremde, das uns so bedrohlich erscheinen kann, dass wir den anderen oft schnell verlassen. Zumindest verlässt uns der Mut zur Offenheit und die Angst verletzt zu werden steigt auf. Die einen ziehen sich einen Schritt zurück und verstecken ihre sensiblen Eigenschaften, was die Beziehung verarmen lässt. Andere passen sich an den Partner an, versuchen es ihm/ihr recht zu machen und verleugnen ihr ureigenstes Wesen; die Verbundenheit ist aber nur vorgetäuscht. Zur Ehrlichkeit verhilft der Spiegel, wie wir uns umarmen (—› Test Umarmung).

UNTER DIE HAUT GEHEN

möglich ist der Versuch in der Eigenverantwortung für meine Unzufriedenheit zu bleiben, also keinen Erlöser (—› Abhängigkeit) für meine Ängste zu suchen. So erspare ich mir sowohl Verlustangst, als auch künstliche Distanz. Bleibt jeder für sich verantwortlich, braucht keiner der anderen zum Leben, keiner muss Schwächen des anderen auffüllen, jeder darf sich zeigen, wie er ist. Wir begegnen uns, weil wir aneinander die Einmaligkeit schätzen. Verbundenheit, einlassen auf anderen, braucht Verbundenheit mit mir selbst. Unser Unverständnis für das andere Geschlecht sollte ein Alarm sein, für die Ignoranz uns selbst gegenüber: wir verstehen uns selbst sehr begrenzt. Eine innige Beziehung zu uns selbst ermöglicht ein tiefes Erleben von entspannter Lust. Wir spielen dann nicht mehr mit der Form, sondern wagen und leben ganz neue Inhalte, wo beide zusammen wirken. Wir gehen uns nicht nur an die Wäsche, sondern auch unter die Haut.

in deinen Augenwinkeln
blitzt die Freude
dein Lachen, mit dem
du mich eroberst, frei
deine Berührungen
warm und weich
die Erschütterung ist tief,
ich übergebe dir
meine Waffen,
meine Macht –
und werde neu geboren.

Ich mache mir ganz bewusst:
Ich begegne im Sex
einem anderen Menschen,
an seinem intimsten Ort, wo
beide enorm empfindlich sind,
sowohl körperlich,
als auch seelisch absolut berührbar.
Es fällt mir schwer, dies zuzugeben,
weil ich meine Verletzlichkeit spüre.

* Diese Orgasmen sind keinesfalls zwangsläufig mit
Ejakulation verbunden, sodass auch multiple Orgasmen
für den Mann möglich sind (siehe hierzu Buchhinweis
unter „Liebe – Mist verstanden)

PENETRATION – schenk´s dir
ist rücksichtsloses Eindringen in die Muschi oder den
After, möglichst schnell, da der durchschnittliche GV ja
nur 10 Minuten, im Film oft nur 1 Minute, dauert. Manche
schaffen es nach so einem Super-Quickie sogar zu
fragen: „Wie war ich?". Ob sie eine ehrliche Antwort
erwarten? Deshalb die dringende Bitte an die heterogenen
Männer (homosexuelle wissen es eher): dringen Sie beim
Baden einmal unauffällig mit einem Finger in ihren
eigenen After ein! Sie erfahren, wie schmerzhaft das
Muskelgewebe reagiert, doch entspannt in diesem
Moment noch das Wasser! Für die Frau ist dies viel
schmerzhafter, da die Vagina mit einem noch größeren
Nervengeflecht ausgestattet ist.

DIFFUNDIEREN, DURCHDRINGEN
ist ein gegenseitiges ineinander aufnehmen. Der Begriff
„diffundieren" (aus lat. diffundere „ausgießen, verstreuen,
ausbreiten") beschreibt dieses Geschehen sehr
anschaulich. Die Diffusion bewirkt in der Chemie den
Abbau von Konzentrations-Unterschieden, bis hin zur
völligen Durchmischung und beruht auf thermischer
Bewegung. Auch in der Sexualität kann eine hoch
energetische Verdichtung und Verbindung entstehen, die
selbst ohne genitalen Kontakt zu intensiven geistigen
Orgasmen* führen kann. Anfangs vorübergehend, mit der
Übung immer länger, verschmelzen wir außerhalb von Zeit
und Raum zu einer Einheit, die unsere gewohnte Dualität,
als Frau und Mann und alle anderen Gegensätze für eine
gewisse Zeit aufhebt (—> Zweipolig atmen). Unsere
Verstandes-Kontrolle schicken wir vorübergehend in den
Urlaub, wovor manche auch Angst haben. Der Autor
nennt dies: Urlaub im Paradies. Es gibt eine unange-
nehme Nebenwirkung: Die Rückkehr in den Alltag ist hart,
doch niemand ist dafür „verantwortlich" (—> „Seligkeit").

Liebe …
hat mich Sex nichts
(- oder wenig) zu tun.
Liebe …
ist etwas Heiliges!.
Liebe …
ist verschmelzen
(für begrenzte Zeit)
seine Ergänzung finden.
Liebe …
ist Einheit, Verschwisterung.
Liebe …
ist Erkenntnis.

**Nichts fehlt uns mehr
in der körperlichen Liebe,
als Selbstvergessenheit,
Entspannung und Muße.**

**Dieses einander Durchdringen könnten wir sogar eine
profane „Kommunion" nennen, kann etwas „Heiliges"
sein. Ein Bekannter meinte sogar mit frechem
Schmunzeln: „das ist göttlicher Sex".**

REIZWORT ZÄRTLICHKEIT

ist die Sehn-Sucht vieler Frauen darin zu schweben und der Alptraum der Männer wie lange sie damit Zeit verbringen müssen, bis die Frau so weit ist und er endlich zur Sache kommen darf (siehe Leserbriefe in MEN´S HEALTH). Die übliche mechanische Reibung der Haut, vorrangig des Intimbereichs, ist halt eine Nervenreizung, die ganz normal die Nerven auf Dauer abstumpft, Langeweile kommt hoch. Ein Unbekannter sagte hierzu einmal: „Man spürt den Zweck und das verstimmt."
EXPEDITIONEN - dazu 3 Krücken= Hilfe um in Bewegung zu kommen:
1. Einfach aus dem gewohnten Programm aussteigen. Sich etwa vorstellen ein eigenartiges, fremdes Wesen aus einem Science-Fiction neben sich zu haben und zu entdecken, wie sich die Haut anfühlt, auf welche Berührung wird reagiert, neue erogene Zonen sind zu entdecken. Dabei ist es gut, wenn zunächst nur einer aktiv ist, der andere passiv geschehen lässt. Nach einiger Zeit werden die Rollen getauscht.
2. Geschätzte Männer beendet bitte die einseitige Fixierung auf die Ejakulation, die ihr Orgasmus nennt. Es ist nur der Samenerguss, der Orgasmus geschieht im Nervensystem und Gehirn; diese als exstatische Wellen spürbare geistige Entladung kann mit Samenerguss verbunden sein, aber auch ganz isoliert geschehen (—>Tantra).
3. Eine ganz vernachlässigte Ebene leben: die „seelische Begegnung" (—>).
So könnte es wahr werden, dass beide, Mann und Frau in eine fremde Welt eintauchen.

Ich sehe im anderen immer
den eigenständigen
Mit-Menschen,
mit seinen Wünschen und
Ängsten, seiner inneren
Dimension, seiner Energie...
Er soll aus Freude –
nur bei fragwürdiger Abhängigkeit
in Unterwerfung - mir begegnen.
Ich bin für einen Missbrauch
seines Vertrauens
voll verantwortlich und
werde sonst sicher
irgendwann, von irgendwem
ebenso gedemütigt.

Unverarbeitete traumatische Kindheitserlebnisse von
Fesseln bei Indianerspielen, begrenzte Folterungen oder
gar massive Gewalterfahrungen (auch Vergewaltigungen)
gehören in Therapien aufgearbeitet und kann vom Partner
– auch spielerisch - nicht geleistet werden, könnte sogar
Panikattacken auslösen.

SADO-MASO-Unterwerfung?

als die klassische Unterwerfung der Frau als Liebesobjekt, die dem Mann eine Illusion von Überlegenheit gibt? Hier hat ein Weiser einmal provokant gesagt: „Auch ein Mensch ist von außen gesehen ein Objekt. Aber er besitzt noch etwas, was darüber hinausgeht: *eine innere Dimension*, die vieles zu bewirken vermag, weil sie die mächtigste Kraft ist, die es gibt." Der Sexualpartner wird sonst, völlig gefühllos und distanziert, ganz von außen, wahrgenommen. Er/sie ist nicht einmal irgendein zufälliger Mit-Teilnehmer eines Events, sondern ein „ Sex-Sport-Gerät", benutzt zur Spannungsabfuhr. Der Benutzer dieses Objekts ist mit großer Wahrscheinlichkeit selbst oft als Objekt benutzt worden. Hier liegt ein Ursprung für die beliebige Austauschbarkeit der Partner. Da ist dann der Sprung ein Objekt kaufen zu können, sogar quälen oder, im Extremfall, töten zu dürfen nicht mehr weit.

ENTLASTENDE FUNKTION

mit Sado-Maso-Praktiken zu einer spielerische Auflösung von kleinen Ängsten. Da ist es für einen schüchternen Menschen schon eine Chance, wenn er den Partner fesseln darf, um sich Dinge zu trauen, die in der Vergangenheit als unmoralisch abgestempelt wurden, aber eigentlich lustvoll sind. Oder wenn bei Angst vor Dominanz jemand vom Partner eine deutliche Geste der Unterwerfung braucht, damit er seine Angst vor Bedrohung überwindet und sich dann sogar ganz zärtlich sein traut. Auch Fetische haben im grünen Bereich einfach eine entlastende Funktion. Doch immer bleibt die Gefahr, dass diese hilfreichen „Krücken" uns festlegen und eine Reifung mit neuen Ausdrucksformen blockieren.

**Mein Körper zeigt mir deutlich,
dass er mit meinem emotionalen,
seelischen Bereich korrespondiert.
Es gibt keine isolierten Bereiche,
ich bin eine
Geist-Körper-Seele-Einheit,
ob ich dies wahrhaben will oder nicht.**

SCHEIDENPILZ – so was!

(etwa candida albicans)

Üblicherweise ist es der Frau peinlich, weil sie sofort die „Schuld" auf sich nimmt; der Mann ärgerlich, weil er vom Frauenarzt Sex-Pause verordnet bekommt und seinen Liebsten auch mehrmals eincremen muss. Oft wird im Streit die Schuldfrage hin und her geschoben. Erhöhte Vorsicht ist beim Anal-Verkehr angezeigt: einmal wird dann öfter auf Kondome verzichtet, außerdem wird in verantwortungsbewussten Sex-Büchern hingewiesen, dass der Urin normalerweise steril ist, der Kot aber viele Bakterien hat. Konsequenz: nach Analverkehr vor vaginalem Kontakt erst waschen, ist lästig und stört, aber erspart unnötigen Ärger.

MILIEU-VERSCHIEBUNG

statt Vorwürfen oder beleidigt sein, miteinander kommunizieren: warum ist das Milieu, der normale ph-Wert in der Muschi der Frau, aus dem Gleichgewicht, meist in den sauren Bereich, geraten. Aus meinen eigenen Klärungen und bei Klienten stellte sich beim Nachforschen fast immer heraus, dass die Milieu-Verschiebung in der Scheide einfach Ausdruck einer seelischen „Milieu-Verschiebung" in der Paar-Beziehung ist. Es ist schon passend, dass der Pilz juckt, ja sogar brennt – da brennt auch etwas Unausgesprochenes in der Beziehung. Werden diese seelischen Ursachen geklärt, stabilisiert sich das Milieu rasch und es juckt auch körperlich nicht mehr. Bei Mehreren Sexualpartnern zur gleichen Zeit ist es oft auch eine Unverträglichkeit zwischen den unterschiedlichen Milieus, besondere Hygiene ist dann angesagt (—> poly- amore).

Paare

Taucht ein
In das unvergleichbare Fluidum,
Das zwischen euch entstehen kann,
Wo die intimste Begegnung Euch Flügel schenkt.

Taucht ein
In das grenzenlose Vertrauen
In die Welt, egal wie Euer Kopf sie sieht,
Wo ihr innerlich stets beschützt.

Taucht ein
In die hüllende Hoffnung,
Ihr über eure Grenzen hinaus wachsen könnt,
Wo Das Licht für euch und andere strahlt.

Taucht ein
In die befreiende Gnade,
Die eure sozialen und persönlichen Schranken fällt,
Wo eine unermessliche Kraft euch trägt.

Taucht ein
In das Unbeschreibliche, Unfassbare,
Teil einer unsichtbaren Wirklichkeit,
Wo eure Erfahrung alles Wissen sprengt ...

Und seid EINS!

H.J. LEHMEYER

SEELE – gibt`s so was?
Wir lesen und hören von einer „Körper-Geist-Seele-Einheit", die es geben soll, aber wer er-lebt sie?.
Doch wir kennen, neben dem Körpergefühl und geistigen Empfindungen, auch seelische Re-Aktionen. Eine „Seelenpflege" wird in unsere Kultur nur von den Anthroposophen (philosophische Richtung nach Rudolf Steiner) angesprochen. Selbst die Kirchen erwähnen die Seele nur im Zusammenhang mit dem Tod. In der Sexualität steckt 1 reizvolle und sinnliche Chance für
SEELISCHE BEGEGNUNG
Haben wir das leidenschaftliche Feuer in uns gelöscht, können wir die glimmende Glut spüren und die Chance einen „Silent Orgasm"* zu leben. Der Autor beschreibt mit diesem Ausdruck treffend eine Möglichkeit, „Liebe als Sprungbrett zur Selbsterkenntnis" zu erleben und unseren Seelen begegnen und sogar mit den Wellen eines geistigen Orgasmus belohnt werden können. Es gibt hierzu keine Garantie, keine Anleitung, einfach sich als Paar mit der Absicht nähern, die feinsten Strömungen und Nuancen zu entdecken: „to fall in Love" heißt es im Englischen sehr treffend. Wichtig ist nur die Absicht auf einer unbekannten Ebene Neues zu erfahren, dies öffnet unsere Eingebung, was da möglich ist, über die Begrenzung des jeweiligen Geschlecht hinaus, unser Mensch-Sein erweitern.
*) gleichnamiges Buch von Günter Nitschke,
  Benedikt Taschen-Verlag 1995, Köln
Erwarten Sie bitte nicht den spontanen Durchbruch, es ist eine Bereitschaft für ein persönliche Ent-wicklung jedes Partners in vielen kleinen Schritten, zur ...

Ich bin der Welt abhanden gekommen
Mit der ich sonst viele Zeit verdorben
Sie hat so lange nichts von mir vernommen
Sie mag wohl glauben, ich sei gestorben.

...

Ich bin gestorben dem Weltengetümmel
Und ruh' in einem stillen Gebiet
Ich leb' allein in meinem Himmel
In meinem Lieben, in meinem Lied.

Friedrich Rückert

Ich trinke dich Geliebter,
wenn du in mir bist,
tauche ich mit dir ab
in eine andere welt ...

wenn wir wieder ans licht kommen
ist da eine insel –
von der sonne beschienen,
grün und sanft
liegt sie vor uns
- so nah!
dorthin lassen wir uns treiben
doch plötzlich
schlucke ich wasser
und du entziehst mir deine hand
– warum?

Sprechen Sie als Paar beim Abschied sinngemäß; mit
euren eigenen Worten, immer wieder aus:
„Ich danke Dir für die gemeinsame Reise.
Draußen werden wir jetzt ernüchtert, viel Gefühls-Kälte
und Gleichgültigkeit spüren." Doch das Erlebte hat uns
bleibend verändert, wir werden im Alltag sensibler
handeln, untereinander als Paar, aber auch mit
Fremden. Wir können in diesen liebenden
Schwebezustand immer wieder zurückkehren."

SELIGKEIT wie?

Üblich verschieben diesen Zustand die einen ins Rentenalter, Andere holen sich ihn durch Rauschzustände über Drogen, doch „sie produzieren kurzfristig einen Zustand, der sich wie Glück anfühlt" – Psychologie-Professor Steven Heyes.

Es besteht großes Misstrauen und viel Angst oder tiefe Sehn-Sucht, die Normalität normal zu verlassen. So bleiben wir entweder in unseren gewohnten Bahnen, den selbst gesteckten Grenzen unseres Ichs oder schaffen über Drogen in Halluzinationen zu gehen.

OHNE DROGEN

mitten in dieser Wirklichkeit, uns für Momente der Freiheit öffnen. Wenn wir uns freimachen vom Druck des Egos sich ständig abzulenken und nach dem Kick, dem gewollten Glück, zu suchen. Es gibt einen Zustand der Selbstvergessenheit, unerreichbar für die Sorgen und Ängste des Alltags, der Welt entrückt und doch auf wunderbare Weise und hautnah mit ihr verbunden (—› Hingabe). Dies ähnelt schon dem Zustand, den Drogensüchtige beschreiben, doch ist da ein wichtiger Unterschied: wir erweitern nur Grenzen unserer Wahrnehmung, bleiben in diesem Schwebezustand, halb in der gewohnten Welt und doch im Grenzbereich zu Ungewohntem, müssen da langsam hineinwachsen. Es gilt Geduld zu üben, dies kann nicht forciert werden, sonst landen wir statt in einem meditativen, ganzheitlichen Zustand zu zweit, eher in der Psychose und in der Psychiatrie. Auch die Rückkehr in die normale Welt ist schwer zu ertragen und bedarf der Übung. Viele verzichten deshalb lieber auf dieses zeitlich begrenzte Glück.

Ich befreie mich von meiner Routine
und Zielvorstellungen
und wir begeben uns, jeder für sich,
auf eine gemeinsame Entdeckungsreise, die oft
ähnlich, aber immer wieder anders ist, wir
werden beide zu Künstlern, die etwas
Unsichtbares, nur Erlebbares, erschaffen.

Desto mehr ich im Augenblick lebe, ganz wach,
offen und vertrauensvoll, desto größer ist die
Wahrscheinlichkeit, dass ich Neues in mir
entdecke und meine Seele atmet auf.

STELLUNGEN abspulen

kommt vom kopfgesteuerten Wunsch, ausschließlich den Körper in einer gewohnten oder ver-rückten Art und Weise, befriedigen zu wollen. Dies programmiert irgendwann den Frust vor, weil so nur etwas Äußeres abgespult wird, das eine Entladung ermöglicht, eben nur Be-Friedigung. Ein einseitiges körperliches Abreagieren ist genauso begrenzt, wie die kopflastigen Vor-stellungen, wie „Liebe machen" sein soll. Technik begrenzt uns auf Vergangenes, verhindert Eingebung oder gar Phantasie.

KREATIVE *SPONTANEITÄT*

entsteht, wen wir uns daran erinnern, dass wir außer unseren klassischen erogenen Zonen auch Gesicht, Hände, Arme und Beine haben, um einander nahe zu kommen, zu umschlingen, zu liebkosen. So wird unsere Phantasie lebendig und es ergibt sich plötzlich eine ungewohnte, neue Art des Ineinander Seins, des Durchdringens (—>Seite ...), was nicht erlernt, erlesen oder übernommen ist, sondern spontan entsteht. Wir sind ganz im Augenblick, in direkter Begegnung. Es stimmt dann für beide, weil sich die Berührungen aus dem Miteinander entwickelt haben; etwas Inspirierendes, Erholendes entsteht. Dies versteht der Autor unter „sensitiven Sex". Dazu braucht es freilich einen Rahmen, der Zeit lässt zum Entwickeln, wie alle Prozesse, die aus der Tiefe schöpfen. Die beiden Körper entwickeln selbst ihre spontane Ausdrucksform und beflügeln Geist und Seele. Filmen oder Fotos sind deshalb überflüssig, weil das Wesentliche nicht sichtbar ist.

DAS LEBEN

        EIN TANZ

DU   IN SEINER MITTE

EINS   MIT DEM LEBEN

Mein Gegenüber ist mehr als der Mensch,
den ich glaube zu kennen
oder den ich mit anderen vergleiche.
Er ist immer wieder auch ein wandelbares
sich veränderndes Wesen.

Für uns beide ist möglich,
miteinander in eine unbekannte,
surreale Parallel-Welt einzutauchen,
die uns bisher unbekannte Möglichkeiten gibt
und wirklich Flügel verleiht.

Doch es gibt keine Garantie,
keine Sicherheit, es ist immer
ein Geschenk, das nicht machbar ist,
sondern sich entfaltet, wenn es sein mag...

* Wir vermitteln entsprechende Kurse nur für feste Paare,
  bei Kollegen.

TANTRA TECHNISCH

ist eine einseitige Übernahme von *Techniken* aus einer anderen Kultur, etwa dem Kamasutra. Mit mehr technischer Raffinesse soll in noch kürzerer Zeit ein irrer Genuss entstehen. Nur Machbares, der direkte Kick durch ungewohnte Reize, zählt. Dabei wird übersehen, dass sich hinter den Praktika eine fernöstliche Philosophie, eine Liebeskunst verbirgt. Doch wenn nur die praktizierte FORM gelebt wird, verhindert dies den INHALT von Nähe, echter Begegnung; aber es bringt halt Spaß, was vielen reicht.

ANTRA IMPULSE leben

ist über alte Mysterien wirklich sexuelle Erfüllung oder wie es im Englischen noch schöner klingt: „fullfillment" entstehen zu lassen. Dort wird empfohlen, dass jeder Partner zunächst eine gewisse Zeit, als Einstimmung, mit sich alleine verbringt, die Qualitäten der Stille zulässt, zu sich selbst kommt, sich spürt und sich findet. Erst dann begegnen sie sich als Paar. Über äußerliche Attribute, in der weiblichen Art eher über Düfte, Klänge, Federn, Lichtspiele … oder im männlichen Bereich über Kraftgegenstände, wie Holz- und Steinskulpturen, Amuletten … wird ein Wohlfühl-Ambiente aufgebaut, das eine besondere Energiefülle unterstützt. Die gegenseitige Verehrung eines göttlichen Anteils in jedem von uns, jenseits unserer ebenso wirklichen Schwächen, erhebt uns zu höchster gegenseitiger Wertschätzung. Der Körper wird zum Instrument, der wohlige Schauer bis hin zu ekstatischen Wellen ermöglicht. Doch nie bestimmt die Technik allein. Kernpunkt ist die Steigerung der Herzenergie, die mit der Übung zu tiefen Wonnen führt*. Die Sufis bilden interessanterweise das Herz mit Flügeln ab. Nach längerer Praxis können wir auch im Alltag alle Mitmenschen in ihrer Polarität, genial und gleichzeitig unvollkommen wahr-nehmen und akzeptieren.

Ich will meinen Eindruck
wie offen ich für andere bin,
ehrlich überprüfen.
Ich erlaube mir zu erschrecken,
wie viel Beziehungs-Angst
heimlich in mir steckt.
Ich will dies zulassen, ohne Scham
und sie schrittweise
in der intimen Begegnung
mit viel Fingerspitzengefühl
mit meinem Partner aufarbeiten.

TEST – UMARMUNG

für Fähigkeit zur differenzierten Nähe üblich umarmen wir uns nur wenige Sekunden –zählen Sie stillt einundzwanzig, zweiundzwanzig, dreiundzwanzig, vierundzwanzig. Wenn Sie so weit kommen, ist dies schon sehr lang. Beobachten Sie zunächst andere Menschen, wie lange und mit welchem Abstand sie umarmen. Längere Umarmungen vermeiden wir und wir erstarren. „Es reicht schon, fresse mich nicht auf!" Warum? Weil wir in diesem Moment etwas spüren. Nähe kommt auf, vielleicht auch ein Schauer in der Wirbelsäule. Jetzt stellt sich heraus, können wir dies zulassen und dabei buchstäblich auf eigenen Füßen stehen bleiben. Wir kommen in eine Berührung, die uns berührt. Im Kontrast hierzu können wir mit schnellem Sex diese Nähe geschickt vermeiden. Die Wahl zwischen Nähe vermeiden oder zulassen haben wir auch beim Tanzen, beobachten sie auch hier zunächst andere Paare und dann sich selbst.

SPIEGEL für´s Paar

möglich ist in der Berührung Nähe entstehen zu lassen. David Schnarch schreibt dazu: „Wenn Sie das ganze Potential der Umarmung bis zur Entspannung ausreizen, wird sie zu einem nützlichen Instrument: sie zeigt in einer Momentaufnahme, wie es um ihre Differenzierung bestellt ist – also um Ihre Fähigkeit, im direkten Kontakt mit dem Partner an sich selbst festzuhalten und ist eine Chance, die Differenzierung voranzutreiben. Selbst wenn Sie keine Scheu vor Umarmungen haben, treten in diesem ganz besonderen Stil der Umarmung, den Sie und Ihr Partner zusammen entwickeln, die Grundthemen Ihrer Paarbeziehung (und Ihres Lebens hervor."*) Stellen Sie sich mutig dieser Übung und Sie haben eine intensive Form der Selbsterfahrung: das Experiment Ihre Grenzen, vorsichtig und ehrlich zu erweitern.

*) „Die Psychologie sexueller Leidenschaft, Klett-Cotta; Stuttgart 2006

Ich erspare mir
und meinem Partner
eine plumpe Wildheit,
die mir helfen soll
über meine Angst
vor intensiver Berührung
hinweg zu springen.
Ich lasse mein Wissen zu
dass mich große Nähe auch
besonders verletzbar
macht und gegenseitiges
hohes Vertrauen braucht.

TEST -ZUNGENKUSS

üblich ist ein zwiespältiger Umgang. einesteils besteht eine gewisse Scheu, andererseits reizt es einfach. Jemand hat einmal gemeint, es ist schon ein Vorspiel zum genitalen Kontakt. Nehmen wir den Zungenkuss also einfach als Spiegel des GV: dann werden, die einen genauso ungestüm sein, als wollten sie dem anderen den Mund (bzw. das Becken) ausräumen. Oder sie springen über die tieferliegende Angst abgewiesen zu werden hinweg und damit dies ja nicht passiert, saugen sich gern fest, damit der andere sich zunächst gar nicht entziehen kann; doch meistens bekommt der Partner Panik und geht dann so wie so, so bald es geht. Die Entgegengesetzten trauen sich über den eigenen Lippenrand nicht hinaus, weil der andere dies sonst als aufdringlich empfinden könnte. Da wenden sich dann auch viele ab.

Möglich wäre anfangs ein vorsichtiges spielerisches, neugieriges Abtasten mit der Zungenspitze, wo beide miteinander wortlos kommunizieren, was sie sich miteinander trauen wollen. Beim Zungenkuss passiert übrigens ganz viel Energieaustausch, etwa so, wie wenn wir mit der Zungenspitze die beiden Pole einer Batterie berühren; nur sind die Energieströme bei Menschen im niedrigen Bereich von 0,5 Volt. Auch ist es möglich über die körperliche Berührung hinaus, auch die Seele zu erreichen.

Machen Sie sich frei von Vorbildern. Hier liegt ein großes Feld die Einmaligkeit der Begegnung sensitiv einzuüben und zu leben.

Es gibt keine Vergangenheit
Es gibt keine Zukunft
Es gibt auch keine Gegenwart
Es gibt NICHTS
Es gibt nur das ERLEBEN
zwischen zwei Punkten.

Dort leben wir!

VERSPRECHEN an mich selbst

Ich höre auf
die Art, das Wesen, meiner Begegnungen
bestimmen, festlegen, definieren, ordnen zu wollen.

Ich sehe
meine Erwartungen, was ich mit meinem Partner
unbedingt leben möchte und was mich an ihm nervt.
Meine offenen oder heimlichen Ängste legen fest,
wie weit ich mich einlasse, wo ich eine Mauer um
mich baue, über die mein Partner und niemand
springen darf.

Ich öffne mich
dem Augenblick, den Möglichkeiten,
die sich uns beiden gerade zeigen. Ich lasse mich
überraschen, verunsichern, betören, verändern.

Ich wage
dabei die Begegnung mit meinem inneren Kind
und spüre zunehmend eine unendliche Freiheit und
Gestaltungsfähigkeit, die sich selbst genügt
und jeder Begrenzung entflieht. Nicht ich bin der
Macher,

Ich lasse mich treiben, packen, beschenken.
In allem was mir begegnet, begegne ich mir selbst!

Diese Sicht zerstört alle Illusionen und Täuschungen, die ich mir
angeeignet habe. Wenn ich aus Angst wieder zurückfalle in alte
Gewohnheiten, verzeihe ich mir selbst und wage immer wieder
einen neuen Versuch.

.............................., den ....
(Ort)   (Unterschrift)

**ZWEIPOLIG ATMEN – eine Übung zu mehr
Energiefluss:**

„Ich war in Dir und Du warst um mich"
(Zitat aus dem Film „Himmel über Berlin" von Wim Wenders)

Vorbemerkung:
Anfangs klingt dies kompliziert und furchtbar technisch. Doch wie bei allen alltäglichen Handlungen, etwa Auto fahren, wird dies beim Praktizieren rasch im Körper gespeichert und fließt bald völlig unbewusst. Es gibt in unserem Körper eine Energie, die unsere Lebensvorgänge mitsteuert. Sie läuft über die Meridiane, auf denen auch die Akupunktur-Punkte liegen; diese sind übrigens keine Phantasie-Produkte, sondern zwischenzeitlich als Ketten von Einweißmolekülen wissenschaftlich nachgewiesen.

**Wir können den Energiefluss in unserem Körper sinnlich wahrnehmen und mit unserem Willen beeinflussen.
Setzen Sie sich auf zwei Stühlen einander gegenüber. Wer mehr Nähe mag, kann auch auf dem Schoss des anderen sitzen (klassischer Tantra-Sitz) oder mit mehr Erfahrung sogar genital vereint. Am Anfang ist es hilfreich dabei keinesfalls zu liegen, weil wir so aufmerksamer sind und beide auf Augenhöhe.**

Zunächst stellt sich Partner A vor, die Energie von seinem Partner B, je nach seinem Geschlecht, über die männl. oder weibl. Genitalien aufzunehmen.
A übernimmt also, auch wenn er männlich ist, zunächst die „klassisch" weibliche Position des Aufnehmenden; dabei ist der Mann besonders gefordert, weil diese Form für ihn ungewohnt ist.
A zieht dann gedanklich die genital aufgenommene Energie zum Rücken, dann an der Wirbelsäule entlang hoch und bereichert dabei, ganz automatisch, die Energie von B um seine eigene. Je nach Wunsch wird diese Energie in der geistigen Vorstellung am Rücken bis in Herzhöhe oder bis zum Hinterkopf, hochgezogen. Dort gibt A die Energie an den Partner B zurück, der sie über seine Wirbelsäule wieder ins Becken sinken lässt. Partner A nimmt sie wieder genital auf und die beiden lassen die Energie mehrmals in der beschriebenen Richtung kreisen.

Nach ein paar Minuten polen wir die Richtung um. Der Partner A gibt nun seine Energie im Beckenbereich an den Partner B ab. Dieser lässt sie in seiner Vorstellung an der Wirbelsäule hochsteigen, bereichert um seine Energie und gibt sie im Herzbereich oder im Kopfbereich an A zurück. Partner B übernimmt die Energie, lässt sie ins Becken sinken und gibt sie dort wieder ab. Beide lassen die Energie in dieser Fließrichtung wieder mehrmals kreisen.

Diesmal übernimmt Partner A die „klassisch" männliche Position des Abgebenden, B lebt jeweils den Gegenpol. Mann und Frau wechseln so ihre gewohnten Rollen. Sie heben damit die normale Dualität auf. Die moderne Idee des „androgynen" Menschen, der zwar vorrangig sein Geschlecht lebt, die Qualität des anderen Geschlechts in sich auch spürt, ist dann ganz leicht nachzuvollziehen.

Üblicherweise powert sich der Mann beim intimen Kontakt vorrangig aus, im zweipoligen Atem nimmt er ganz bewusst die weibliche Energie auf, lässt sich auch von der anderen Polarität etwas schenken.

Erlauben Sie dem Autor den frechen Hinweis, dass der klassische „Ficker", also der Mann, der nur seine Spannung loswerden will, also nichts aufnimmt, ausgemergelt aussieht, wie ein Lungenkranker.

Bald können die Beiden sich in die beschriebenen Visionen voll hineinfallen lassen, nehmen sich wirklich „ineinander" auf, durchdringen" einander. Es entsteht eine hoch energetische Verdichtung und Verbindung, die selbst ohne genitalen Kontakt zu intensiven geistigen Orgasmen und zur Ejakulation führen kann. Dies müsste auch Skeptiker überzeugen, dass die Erregung nicht vorrangig im Genitalbereich, sondern vermehrt im Nervensystem stattfindet. Ein Tantralehrer meinte sogar, die Ejakulation sei unnötiger Energieverschleiß, der Orgasmus ist entscheidend.

Gedankensplitter:
„Es geht darum,
Impulse in ein Medium hinein zugeben
und als Inspiration
wieder aufzunehmen.
So erfolgt eine geistige Inspiration
zwischen Medium und Schaffenden,
wobei eine gewisse Mechanik
ausgeschlossen wird und es entsteht
die Einmaligkeit des Augenblicks.

Dirigent Sergiu Celibidache ...

und kann von der Musik wunderbar in eine
sensitive Sexualität übertragen werden.

ZUR ERMUTIGUNG

Sie haben sicher Mut bekommen, aus den Gewohnheiten auszubrechen und Neues zu wagen. Wenn Sie Geduld haben, werden Sie in einigen Wochen wesentliche Schritte geschafft haben, alte Ängste zu lassen und neue Erfahrungen zu machen. Entweder ihre vorhandene Beziehung wandelt sich zum Besseren oder sie wird sich einfach auflösen, ohne Tragödien, weil beide spüren, dass die „Chemie" nicht mehr stimmt, zu wenig Ein-Verständnis, zu wenig Gesamtmenge vorhanden ist, um einen Begriff aus der Mengenlehre zu verwenden.

Sollten Sie aber wesentliche Hindernisse spüren, sich auf einen Menschen soo intensiv einzulassen, haben Sie keine falsche Scham, sich professionelle Hilfe zu holen, um die Blockaden aufzulösen. In unserem Institut bieten wir nur kurzfristige Einzelberatungen mit maximal 13 Einheiten oder Sensibilisierungs-Seminare für Paare an zwei Wochenenden an. Auch gibt es ein Wochenende für die Integration verschiedener Persönlichkeitsanteile, ferner für die Trauerarbeit. Wir haben die Erfahrung gemacht, dass kurze effektive Begleitung mit anschließender Pause über mehrere Monate, mehr bewirkt, als lange Betreuungen über Monate oder gar Jahre.

Anfragen bitte an:

INSTITUT
KONFLIKTLÖSUNG & COACHING
angeschlossen
Praxis für Einklang von Körper-Geist-Seele
Freiburger Platz 5
80686 München
Tel. 089 – 57 95 37 99
Sprechstunden nach telef. Vereinbarung
Weitere *Informationen im Internet:*
www.coaching-lehmeyer.de

Die Leitung hat Horst-Jean
Lehmeyer
Diplom-Sozialpädagoge (FH)
Psychotherapeut (HPG)
Nutzen Sie 30 Jahre
Berufserfahrung
für Begleitung in schwierigen
Lebenslagen.

Erfahrungsbericht eines Teilnehmers:
Die Ermutigung im Buch zu neuen sexuellen Erfahrungen
hatte bei mir viele Türen aufgetan. Auch war ich mir sicher
die Welt steckt noch voller unbekannter Wunder und die
wollte ich erleben. Ein Seminar zur Sensibilisierung machte
mich einesteils schon neugierig. War ein Ausliefern dem
Partner gegenüber schon gewöhnungsbedürftig, sich aber in
einem so intimen Rahmen einem Wildfremden anvertrauen?
„Will und kann ich das?". fragte ich mich dann in den
letzten Wochen mehrmals beim Einschlafen, plötzlich in
der Arbeit und im Drogeriemarkt vor den Regalen mit den
sinnlichen Düften. Kann ich durch Training meine Sinne so
zu sagen auf eine höhere Frequenz einstellen. Ja und wenn
ich etwa meinen Geruchssinn schärfe, halte ich dann die
vielen schrecklichen Gerüche und andere Eindrücke der
normalen Welt überhaupt aus? Ja, wenn ich sensibler bin,
berühren mich dann nicht so viele Dinge, dass ich
durchdrehe, überschnappe, in der Klapsmühle lande?
Genau diese Fragen wollte ich in einem
Schnuppergespräch einer Kursleiterin stellen. Ich war
überrascht über die neutralen Räume. Hatte ich doch
befürchtet ich werde gleich mit Dämmerlicht und Duft
von Räucherstäbchen empfangen. So fiel mir meine
wesentliche Frage zu stellen gar nicht schwer: „Wie
kommt man nach der Sensibilisierung mit dem Alltag
klar?" Meine Gesprächspartnerin meinte, diese Frage
werde sehr oft gestellt. "Feinere Sinne bringen nicht nur
 mehr Möglichkeiten im intimen Zusammensein, sondern
allgemein im Kontakt mit Mitmenschen. So ist ein Ziel des

Kurses andere Menschen besser und schneller einschätzen zu können, ob man/frau sich einem Menschen gegenüber öffnen können oder es besser ist, sich zurückzuhalten und zunächst nur allgemeine Infos zu geben. Gerade unsere Unsicherheit gegenüber Fremden verhindert, diesen wirklich in seiner Realität zu sehen, so ist der Phantasie und der Projektion unserer Wunsch- und/oder Feindbilderbilder keine Grenzen gesetzt. Habe ich mein Alleinsein satt, bin ich voller Sehnsucht, werde ich den anderen schnell als Traumprinzen oder wunderbare Prinzessin sehen. Habe ich gerade eine Trennung hinter mir, wird dieser Mensch zum Gesandten dieses abgelehnten Menschen, ich phantasiere in ihn/sie alle schrecklichen Erfahrungen mit meinem Ex und werde ihn nie kennen lernen, wie er wirklich ist.

Habe ich aber wache Sensoren, nehme ich wahr, was der andere im Moment ausstrahlt, ob er mir gut tut. Wir werden also keinesfalls unsicherer sein, sondern souveräner auftreten, auch außerhalb erotischer Beziehungen, im Berufsleben und Bekanntenkreis."

Das klang überzeugend. Da kam mir die noch brennendere Frage hoch: „Kann ich es überhaupt aushalten, so viele Eindrücke wahr zunehmen?"

Das Gegenüber schmunzelte verständnisvoll: „Verwirrt werden wir nicht durch die Menge der Daten, die wir aufnehmen, sonder durch die mangelnde Verarbeitung. Für einen ganz banalen Brief suchen wir im PC zum Abspeichern zunächst eine passende Datei und dann ein Stichwort. Unsere verwirrenden Eindrücke werden aber nicht einmal etikettisiert, sondern schnell irgendwo hin abgeschoben, also verdrängt. Hauptsache weg! Etwa nah dem Prinzip: Schlafende Hunde soll man nicht wecken. Später kommen dann plötzlich irgendwelche Teile, Bruchstücke dieses Erlebnisses hoch und wir können sie zunächst gar nicht einordnen. Das ist, was uns verwirrt! Hätten wir uns gleich Zeit genommen, die Erfahrung richtig abzuspeichern, wäre uns die Verwirrung erspart geblieben.

Deshalb üben wir im Seminar auch Zeitmanagement, damit wir nicht von den Ereignissen getrieben werden und wir Freiräume für die Verarbeitung, für die Reflexion schaffen." Ja und dies lebe ich jetzt. Es wurde nicht zu viel versprochen.

D.P.